AF349833

ALLOCUTION

PRONONCÉE

Par M. L'Abbé THEISE

au mariage

DE

M. Edmond AMARGER

AVEC

Mlle Marguerite PROTAIS

Célébré le 11 Mai

EN L'ÉGLISE DE SAINT-LAURENT-DE-BRÈVEDENT

ROUEN

IMPRIMERIE CH.-F. LAPIERRE

1, RUE SAINT-ÉTIENNE-DES-TONNELIERS, 1

1886

ALLOCUTION

PRONONCÉE PAR M. L'ABBÉ THEISE

AU MARIAGE

DE

M. EDMOND AMARGER

AVEC

Mlle MARGUERITE PROTAIS

Célébré le 11 Mai 1886

EN L'ÉGLISE DE SAINT-LAURENT-DE-BRÉVEDENT

MON CHER COUSIN,

MADEMOISELLE,

Notre Seigneur fut non seulement invité aux Noces de Cana, mais il y assista pour les approuver, les honorer, les sanctifier. — Ce ne fut donc point sans dessein qu'il voulut y être appelé, car c'est de là que vient la sainteté du Mariage, et si l'on n'y appelle pas Jésus-Christ il n'y a plus rien dans cet état que de profane, ni rien qui le relève.

C'est sans contredit un bien pour le Christianisme et pour vous en particulier qui êtes appelés par la Providence à vivre dans cette condition que le Fils de Dieu ait daigné la consacrer, que non seulement le Mariage ne soit pas une société purement civile comme il l'est parmi les peuples que n'a pas encore éclairés le divin soleil de l'Evangile, ni une simple cérémonie de Religion comme il l'était dans l'ancienne loi, mais un Sacrement conférant la grâce de Jésus-Christ, établi pour sanctifier les âmes, pour représenter un de nos plus sacrés mystères, l'Incarnation du Verbe, et pour en appliquer les mérites à ceux qui le reçoivent dignement.

Oui, avec saint Paul, il faut affirmer la grandeur de ce sacrement; mais il n'est grand que par la relation qu'il a avec Jésus-Christ, il n'est grand que dans l'Eglise, il n'est grand que pour les fidèles.

En effet, après la très adorable Eucharistie l'alliance légitime que vous allez contracter tient un rang à part parmi les signes sensibles auxquels Dieu a communiqué la puissance de produire la grâce dans nos âmes et de nous sanctifier.

Cette allégation ne manque pas de mesure si nous considérons la cause, la matière, l'essence et les effets du Mariage. — La cause, c'est Jésus-Christ lui-même. — C'est lui, mon cher Cousin, qui vous donne votre Epouse. — Oui, lui-même vous la donne, — pensez après cela si elle doit vous être chère. — C'est lui, Mademoiselle, qui est le médiateur de votre alliance, lui qui vous associe à votre Epoux et pour toujours.

La matière de ce sacrement n'est pas un peu d'eau, d'huile ou de baume, mais c'est vous-mêmes régénérés par le Baptême, consacrés par la Confirmation, vous-mêmes qui êtes membres de Jésus-Christ et temples de l'Esprit-Saint.

Les autres sacrements ne signifient qu'une grâce acci-
dentelle, une sainteté finie et créée qui fait la sainteté
particulière de ceux qui les reçoivent. — Mais le Mariage
signifie une grâce substantielle, une sainteté incréée,
l'alliance du Verbe divin avec l'humanité et l'Eglise
catholique.

Et quels merveilleux effets ne produira-t-il pas en
vous? Surtout vous serez forts dans les difficultés mul-
tiples du nouvel état où vous entrez aujourd'hui — car
la grâce du Mariage est comme la grâce de tous les sacrements présente et prochaine : donnée en partie et en
partie promise; don spirituel au jour même des noces,
revenu spirituel assuré aux époux pour tout le temps de
leur union. — Immédiatement bénis de Dieu, enrichis
par lui d'une grâce nouvelle ajoutée à la grâce sancti-
fiante que doit trouver en eux le sacrement des vivants
qu'ils reçoivent, revêtus de cette vraie robe nuptiale qui
leur donne la beauté et la virilité des époux chrétiens,
ils emportent avec eux l'assurance que le divin Paraclet
les suivra dans leur maison pour y faire habiter la paix,
l'affection chaste et fidèle, l'assistance et l'édification
réciproques, des enfants élevés dans la piété et le devoir,
dociles à en accepter les leçons comme sont le plus souvent les enfants des Saints.

Telle est la grandeur du Mariage. — Je ne m'étonne
plus après cela que le nœud de cette union soit indisso-
luble, l'anneau que les époux se mettent au doigt n'est
qu'une figure de la chaîne qui les attache l'un à l'autre
pour la vie. — Sainte et précieuse inviolabilité du lien
conjugal qui rend seule possible la nécessaire affection
de deux cœurs qui se donnent par la certitude où ils sont
de s'appartenir toujours sans être exposés à de cruels
déchirements.

Ne puis-je pas maintenant redire, mon cher Cousin et Mademoiselle, ces paroles d'un éminent prélat : Si l'homme ne venait pas de Dieu, il y aurait une chose incompréhensible dans sa nature, c'est ce besoin qui le tourmente de faire des œuvres plus grandes que lui-même. — Ainsi il est le captif de la matière et il s'éprend de l'idéal. L'instinct de la vie semble le vouer à l'égoïsme, et il se passionne pour le sacrifice, tout en lui s'écoule et passe, et ses désirs vont à ce qui demeure. — Enigme, dit le philosophe. — Chimère, dit le sceptique. — Ni l'un ni l'autre, répond le croyant, c'est la marque de Dieu. — Où donc cette influence du divin Ouvrier sur l'homme, son ouvrage, est-elle plus visible que dans le Mariage, — la plus humaine des choses, puisqu'elle perpétue l'humanité, mais aussi l'une de celles qui dépassent le plus les puissances bornées de notre nature?

Si Dieu n'y avait mis la main, le Mariage n'intéresserait que la partie sensible de notre être ; il ne serait que l'alliance de deux égoïsmes. Cette alliance enfin serait passagère. Mais non ; le Mariage unit aussi et surtout deux âmes. Le Mariage est régi par une loi de dévoûment ; le Mariage est le seul contrat que l'on ne puisse détruire. — Voilà ce que l'homme n'eût pas trouvé seul, et ce dont pourtant il ne peut se passer. Quand il se sépare de Dieu, il perd la notion vraie de sa destinée, mais sa destinée demeure. De là un conflit douloureux et de poignants contrastes. Le mariage déchoit, il s'avilit sous la domination des sens, mais la honte l'y accompagne. Il ne veut plus de sacrifices réciproques, mais l'égoïsme de chaque époux produit le malheur des deux. Il a peur des liens éternels, mais l'instabilité qu'il cherche lui rend insupportables les engagements dont il avait cru alléger les poids.

Tel fut le Mariage antique ; telle sera l'histoire du Mariage moderne, s'il méconnaît la loi de son origine et son essense religieuse. Il n'y a qu'un mariage vrai, qu'un mariage digne, celui que Dieu a fondé, que le Christ a restauré : le Mariage chrétien.

Vous l'avez compris, mon cher Cousin et Mademoiselle, et voilà pourquoi, c'est en présence de Dieu, c'est devant son Ministre, que vous venez échanger vos serments.

Heureuse union qui prend le Ciel pour témoin et qui, sur la terre, en rapprochant deux jeunes destinées, va fonder une nouvelle famille soumise aux lois de Jésus-Christ et de son Eglise.

Cette assemblée sympathique, venue pour honorer par sa présence l'acte si important que vous allez accomplir, mon cher Cousin, n'a qu'une voix pour reconnaitre la loyauté de votre caractère et la droiture de votre cœur. — Alors que tant d'autres, dans notre grande capitale, succombent à tous les entraînements mauvais, vous vous êtes tenu en garde contre les déchéances morales qui passent en dévastant, et sur votre front on n'a jamais pu lire que le signe des méditations causées par vos sollicitudes et par l'accomplissement de vos difficiles devoirs. — Aussi vos efforts vous ont fait conquérir, dans l'une des écoles supérieures de notre pays, une distinction qui vous honore d'autant qu'elle est plus rare et que la faveur ne vous l'a point fait obtenir.

Qu'il me serait doux, mon cher Cousin, de reconstituer par la mémoire du cœur les souvenirs de notre enfance, il m'eût été plus facile de le faire si tous ceux auxquels nous étions alors unis par les liens du sang et de l'affection étaient aux pieds de cet autel pour vous faire comme un cortége d'honneur en un pareil jour. Mais Dieu ne veut pas que les joies de la terre soient complètes pour nous faire mieux apprécier le bonheur infini qui nous attend là-haut. Les uns, vous le savez, nous ont précédés dans l'éternité ou bien sont retenus sur leur lit de souffrance, loin de cette fête qu'ils appelaient de tous leurs vœux. Une autre s'est enlevée par sa grâce aux instincts terrestres et aux liens mortels et s'est détournée de tous les parfums de la vie pour ne plus respirer et regarder que vers le Ciel. Heureusement, votre père et votre mère, dont la bonté et la tendresse ne vous ont jamais fait défaut, partagent votre bonheur en cet instant qui va clore votre jeunesse et commencer l'âge mûr de votre vie.

Sans demander à l'avenir aucun de ses secrets, je puis répondre que vous serez heureux si vous êtes digne de votre passé, de ce passé que j'ai connu, aimé et dans lequel nos âmes se sont vouées une si profonde et si inaltérable affection.

Et vous, Mademoiselle, avec le souvenir de votre douce mère qui, du haut du Ciel, je n'en doute pas, est le témoin de la démarche que vous faites en ce jour ; de votre père qui a consenti à réaliser vos désirs, un autre souvenir encore vous suivra dans votre nouvelle demeure, celui du prêtre distingué qui a su par sa bienveillance, son tact exquis et sa prudence, vous montrer combien lui étaient chers vos propres intérêts. Vous n'aurez qu'à vous rappeler ses leçons pour remplir la tâche qui vous incombe désormais de former les caractères, de relever les courages et d'entretenir autour de vous une atmosphère de générosité et de dévouement.

Allez donc montrer à votre nouveau foyer ce que peut la grâce de Dieu pour embellir les qualités de l'esprit et les délicatesses du cœur. Par la prière, par l'humilité, par la charité, par le recours fréquent aux sources de la sanctification, alimentez-en vous-même la foi pure, le véritable amour de Dieu en cette piété douce et forte qui fait l'âme supérieure aux préoccupations frivoles, aux désirs égoïstes.

Votre éducation vous a rendu familier ce commerce avec Dieu, qui est à la vertu ce que le foyer est au rayon, la racine à la tige. Avec votre époux, vous rendrez à l'auteur de notre être l'hommage d'une même adoration. Vous irez à Dieu avec lui et rendre plus étroite chaque jour l'union de vos pensées et de vos sentiments, ce sera votre ambition à tous deux.

Mais c'est à l'épouse de tenir le premier rang dans cette émulation de tendresse persuasive qui conduit au bien en le faisant aimer.

Et maintenant, mon cher Cousin et Mademoiselle, c'est à vous de parler : les paroles qui vont s'échanger entre vous ont quelque chose de divin : elles vont former un lien sacré et perpétuel. Puissent-elles consacrer votre bonheur. Et daigne la suprème Bonté vous réserver par de là les joies souvent trompeuses, toujours mêlées d'ici-bas, la seule félicité qui réponde à toute la hauteur et à toute la durée de nos désirs.

Rouen.—Imp. Ch.-F. Lapierre.